Glamour phantasie

Seit jeher bezaubern uns Halbedelsteine durch ihre Schönheit und ziehen uns magisch an. Denn in ihnen schlummern Heilkräfte, die Menschen schon seit Hunderten von Jahren für sich nutzen. Bereits Hildegard von Bingen wusste um die Wirkung der Halbedelsteine auf Körper und Psyche. Neuere physikalische Forschungsergebnisse lehren uns, dass von jeder Materie Schwingungen ausgehen, die zu jeder Zeit und an jedem Ort auf uns wirken. Auch Steine besitzen aufgrund ihrer Mineralstoffe und Kristallstruktur eine individuelle Schwingungsenergie, die heilend, harmonisierend und schützend in den Organismus eindringen kann. Doch wie können Sie diese Energie für sich nützen? Am einfachsten ist es, die Steine als Schmuck zu tragen, am besten direkt auf der Haut. Lassen Sie sich also von den wunderschönen Schmuck-Ideen in diesem Buch inspirieren und genießen Sie die positive Energie, die von ihnen ausgeht!

W0250516

LEGENDE

Am häufigsten verwendete Perlen:

- Swarovski®-Kristall-Schliffperle, ø 4 mm
- Swarovski®-Kristall-Schliffperle, ø 6 mm
- Swarovski®-Kristall-Schliffperle, ø 8 mm
- Swarovski®-Kristall-Perle, ø 4 mm
- Swarovski®-Kristall-Tropfen, 11 mm x 5,5 mm
- Swarovski-Kristall-Blüte, ø 6 mm
- Swarovski®-Kristall-Scheibe, 6 mm
- Quetschperle
- Halbedelstein-Perle, ø 4 mm
- Halbedelstein-Chip
- Halbedelstein-Splitter
- Halbedelstein-Linse
- Halbedelstein-Würfel, ø 4 mm
- Glas-Wachs-Perle, ø 8 mm

Die wichtigsten Materialien

Kristall-Schliffperlen von Swarovski®

Kristall-Schliffperlen bestechen durch ihre klaren, wunderschönen Farben und den absolut präzisen Schliff. Für die gezeigten Schmuckstücke werden verschiedene Formen verwendet.
Die Kristall-Schliffperlen sind in unterschiedlichen Größen, Formen und Farben im Bastelfachhandel erhältlich.

Halbedelsteine

Halbedelsteine sind Minerale, die im Gegensatz zu Edelsteinen wesentlich häufiger in der Natur vorkommen. Sie sind meist nicht so hart und weniger wertvoll als diese. Heute werden Halbedelsteine in der Fachsprache auch „Schmucksteine" genannt. Jeder Stein ist in Farbe und Form ein Einzelstück, daher können die jeweiligen Maßangaben in den Materiallisten nur Näherungswerte sein. Je nach Größe der Halbedelsteine werden somit mehr oder weniger Stücke in Form von Perlen, Chips, Splittern oder Linsen pro Modell benötigt.

Nylonfaden

Nylonfaden, ø 0,25 mm, wird bei einigen Modellen in diesem Buch verwendet. Er ist sehr stabil und kann mehrmals durch die Perlen gezogen werden.

Kunststoffummantelter Schmuckdraht

Kunststoffummantelter Schmuckdraht, ø 0,5 mm, wird in verschiedenen Farben angeboten. Man sollte ihn nicht knicken, da sich diese Stellen nicht mehr gerade biegen lassen.

Quetschperlen

Quetschperlen sind Metallperlen, die mit einer Flachzange zusammengedrückt werden und so Nylonfaden oder Schmuckdraht einklemmen. Sie sind silber- und goldfarben erhältlich und werden zum Anbringen von Verschlüssen und Fixieren einzelner Perlen verwendet. Besteht z. B. eine Halskette aus mehreren Schmuckdrähten oder Nylonfäden, können Quetschperlen auch als Gestaltungselement dienen, indem parallel laufende Drähte bzw. Fäden damit zusammengefasst werden (siehe z. B. Seite 8 und 17).

Ringel

Ringel, oval oder rund, sind in Silber und Gold erhältlich.

Verschlüsse

Bei den meisten hier im Buch gezeigten Modellen werden Magnetverschlüsse verwendet. Diese lassen sich leicht öffnen und schließen, sind jedoch nicht so sicher wie konventionelle Ring- oder Schraubverschlüsse. Deshalb sollte man sich vor dem Kauf gut überlegen, welchen Verschluss man verwendet. Magnetverschlüsse sind in den Farben Gold und Platin erhältlich. Im gut sortierten Fachgeschäft sind die verschiedensten Modelle erhältlich.

Hilfsmittel

Schere

Sehr kleine und spitze Schere zum Kürzen des Nylonfadens.

Flachzange

Eine schmale Flachzange zum Zusammendrücken von Quetschperlen und Anbringen von Verschlüssen.

Kneifzange

Kleine Kneifzange zum Durchtrennen von Schmuckdraht

Schmuckkleber

Schmuckkleber wird nur für starre Verbindungen eingesetzt, z. B. für das Anbringen von Broschennadeln oder das Aufkleben von Ohrringen. Auf eine fettfreie Klebefläche achten. Eventuell zuvor mit einem mit wenig Lösungsmittel (z. B. Nagellackentferner) benetzten Wattestäbchen reinigen. Geklebte Schmuckstücke über Nacht trocknen lassen. Alternativ kann auch UHU Alleskleber kraft verwendet werden.

Rundzange

Wird benötigt, um an den Kettel- und Prismenstiften die Enden zu Ösen zu biegen. Diese werden am Schmuckdraht oder an der Kette eingehängt.

So wird's gemacht

Fixieren von Perlen

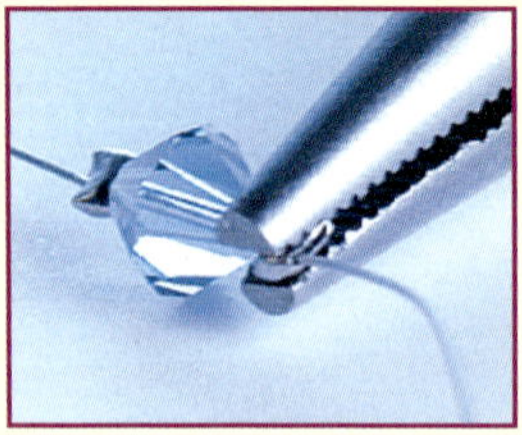

Auf Schmuckdraht oder Nylonfaden eine Quetschperle, eine Schmuckperle und eine weitere Quetschperle fädeln. In der gewünschten Position die Quetschperle mit der Flachzange kräftig zusammendrücken.

Anbringen von Verschlüssen

Ein Ende des Schmuckdrahtes oder Nylonfadens durch die Öse am Verschluss ziehen, eine Quetschperle über beide Enden fädeln und mit einer Flachzange kräftig zusammendrücken. Den überstehenden Draht mit einer Kneifzange abzwicken oder abschneiden.

Herstellen der Ringschienen

Die Ringschienen entsprechend den Skizzen anfertigen. Die Mengenangaben der Perlen sind hierbei immer nur ungefähre Angaben. Die Ringe am besten immer wieder anprobieren und bei Bedarf nochmals eine oder mehrere Perlen anfügen. Zur Erhöhung der Stabilität die Ringschienen am Ende verknoten, die Fäden zurückführen und am anderen Ende nochmals verknoten. Die Nylonfäden beim Verknoten nicht zu fest anziehen, da der Ring womöglich sonst zu knapp wird.

Fädeltechnik

Die Reihenfolge der aufgefädelten Perlen wird bei den einzelnen Modellen anhand der Skizzen genau gezeigt. An manchen Stellen werden die Faden- bzw. Drahtenden aus entgegengesetzten Richtungen durch die Perlen geführt, also gekreuzt, und durch einige Perlen mehrmals geführt.

Bei Beendigung der Fädelarbeit die Fäden bzw. Drähte an der markierten Stelle dreimal verknoten und ein Faden- bzw. Drahtende durch die nächstliegende Perle ziehen. Dadurch wird der Knoten in die Perle gezogen und ist nicht mehr sichtbar. Das andere Faden- oder Drahtende in die andere Richtung durch eine Perle ziehen und beiden Enden knapp abschneiden.

Tipps & Tricks

- Zu allen Schmuckstücken finden Sie Fädelskizzen, aus welchen die Farben der verwendeten Perlen ersichtlich werden.
- Draht sollten Sie nicht mit einer Schere schneiden, die Sie noch anderweitig verwenden möchten.
- Verwenden Sie keinen Sekundenkleber, da der Nylonfaden sonst brüchig wird!
- Bitte beachten Sie, dass die Größe der Halbedelsteine variieren kann. Prüfen Sie daher während der Fädelarbeiten immer wieder, ob die Länge der Kette bzw. der Umfang eines Armbandes oder Ringes Ihren Wünschen entspricht.

Die Kraft und Energie der Steine

Wählen Sie Ihren persönlichen Stein nach Ihrem Sternzeichen

22.12.-20.01.

21.01.-19.02.

20.02.-20.03.

21.03.-20.04.

21.04.-20.05.

21.05.-21.06.

22.06.-22.07.

23.07.-23.08.

24.08.-23.09.

24.09.-23.10.

24.10.-22.11.

23.11.-21.12.

Stein	Wirkung	Sternzeichen
Tigerauge	Willenskraft/Kreativität	Jungfrau, Löwe, Schütze, Skorpion und Zwilling
Schneeflocken-Obsidian	Aktivität/Ausgeglichenheit	Skorpion, Schütze und Steinbock
Hämatit	Willenskraft/Spontaneität	Jungfrau, Skorpion, Steinbock, Wassermann und Widder
Peridot	Lebenskraft/Leistung	Krebs, Zwilling und Löwe
Lapislazuli	Inspiration/Liebe/Freundschaft	Schütze, Fische, Steinbock und Wassermann
Rosenquarz	Ruhe/Gleichgewicht/Vitalität	Stier, Krebs und Waage
Granat	Energie/Ausdauer	Zwilling, Skorpion, Schütze und Steinbock
Türkis	Regeneration/Vitalität	Fische, Schütze und Wassermann
Citrin	Stärke/Selbstvertrauen	Jungfrau, Löwe, Zwilling und Stier
Bernstein	Zuversicht/Lebensfreude	Löwe, Jungfrau und Zwilling
Malachit	Ausgeglichenheit/ Überzeugungskraft	Skorpion, Steinbock, Stier, Zwilling und Waage
Amethyst	Harmonie/Entspannung	Jungfrau, Widder, Skorpion, Schütze, Wassermann und Fische
Epidot	Regeneration/Leistungsfähigkeit/Selbstvertrauen	Waage und Zwilling

Tigerauge

→ Ensemble mit edlem Goldschimmer

MATERIAL

KETTE

- 39 Tigerauge-Splitter, ø 5 mm - 1 cm
- je 7 Swarovski®-Kristall-Schliffperlen in Koralle und Aprikot, ø 8 mm
- 7 Renaissance-Glaswachsperlen in Nougat, ø 8 mm
- 2 Quetschperlen in Gold, ø 1,8 mm
- Schmuckdraht in Altrosa, ø 0,5 mm, 1,20 m lang
- Schraubschließe in Gold, 1,1 cm lang
- Twister, ø 2 mm

RING

- 6 Tigerauge-Splitter, ø 5 mm - 1 cm
- je 2 Swarovski®-Kristall-Schliffperlen in Koralle und Aprikot, ø 8 mm
- 2 Renaissance-Glaswachsperlen in Nougat, ø 8 mm
- Schmuckdraht in Altrosa, ø 0,5 mm, 20 cm lang

Kette

1 Den Draht etwa fünf- bis sechsmal um den Twister schlingen, anschließend zwei Splitter, eine Glaswachsperle und nochmals zwei Splitter aufreihen.

2 Den Draht erneut fünfmal um den Twister schlingen, ca. 1 cm Draht stehen lassen und die Perlen anhand der Skizze aufreihen. Im Tigerauge-Splitter den Draht kreuzen. Diese beiden Arbeitsschritte noch viereinhalbmal wiederholen, dabei wie abgebildet die Reihenfolge der Wachs- und Kristall-Schliffperlen zwischen den Splittern wechseln, bis alle Perlen aufgebraucht sind.

3 Mithilfe der Quetschperlen den Verschluss befestigen. Die Kette kann nun in der Länge etwas auseinander gezogen werden.

Ring

Die Perlen und die Tigerauge-Splitter wie auf dem Foto zu sehen auf den Draht fädeln, die Enden miteinander verdrehen und knapp abschneiden.

So wirkt der Stein: Tigerauge ist der Stein des starken Willens. Er erhöht die Willenskraft, steigert die Konzentration und löst Energieblockaden. Tigerauge hilft, Unüberwindbares und scheinbar ausweglose Situationen zu meistern. Der Stein verleiht Kreativität und Lernfähigkeit. Astrologisch wird er folgenden Sternzeichen zugeordnet: Jungfrau, Löwe, Schütze, Skorpion und Zwilling.

Kette

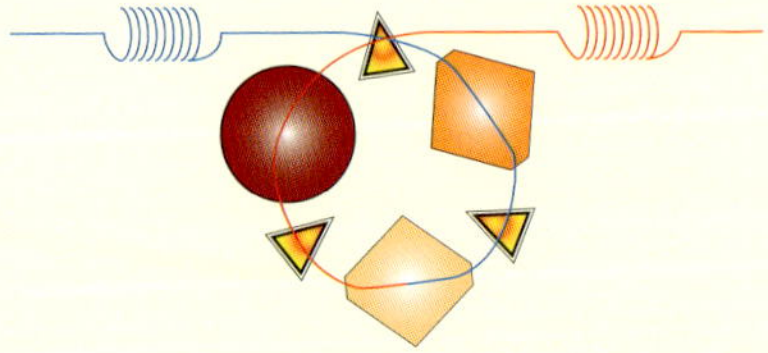

Schneeflocken-Obsidian

→ zauberhaft filigran

Kette

1 An einem Drahtende einen Kristall-Perltropfen mithilfe einer Quetschperle sichern. Eine Kristall-Schliffperle, sechs kleine Splitter, eine Quetschperle und einen großen Splitter aufreihen. Nach insgesamt 17 cm (vom Beginn des Fadens gemessen) eine weitere Quetschperle aufreihen und fixieren. Dann einen Würfel und fünf große Splitter aufreihen. Nach einer Gesamtlänge von 24 cm eine Quetschperle fixieren, eine Kristall-Schliffperle, fünf kleine Splitter, eine weitere Kristall-Schliffperle aufreihen und mit einer Quetschperle sichern. Nach 66 cm erneut eine Quetschperle fixieren, einen Würfel und fünf große Splitter aufreihen und mit einer zweiten Quetschperle sichern. Einen großen Splitter aufreihen und den Draht durch die folgende lose Quetschperle ziehen.

2 Für das zweite Ende eine Quetschperle, eine Kristall-Schliffperle, drei große Splitter, den zweiten Kristall-Perltropfen und nochmals drei große Splitter aufreihen. Den Draht zu einer ca. 3 cm langen Schlaufe legen und durch die Kristall-Schliffperle und die Quetschperle zurückführen. Nach einer Gesamtlänge des Drahtes von ca. 83 cm die Quetschperle oberhalb der Schlaufe fixieren. Die beiden Kettenenden in verschiedenen Längen ausrichten und die lose Quetschperle fixieren.

Armband

1 Den Schmuckdraht in vier gleich lange Teile trennen und je zwei Drähte mit Quetschperlen an einem Verschlussteil befestigen. Die Splitter und Kristall-Schliffperlen anhand der Skizze aufreihen und die Quetschperlen fixieren.

2 Diese Reihenfolge so oft wiederholen, bis alle Perlen aufgebraucht sind. Mithilfe der Quetschperlen das zweite Verschlussteil befestigen und den restlichen Draht abschneiden.

MATERIAL KETTE

- 30 Schneeflocken-Obsidian-Splitter, ø 5 mm - 1 cm
- 4 Swarovski®-Kristall-Schliffperlen in Mondstein, ø 8 mm
- 2 Swarovski®-Kristall-Würfel in Mondstein, 8 mm x 8 mm
- 2 Swarovski®-Kristall-Perltropfen in Mondstein, 10 mm x 7 mm
- kunststoffummantelter Schmuckdraht in Schwarz, ø 0,5 mm, 90 cm lang
- 8 Quetschperlen in Platin, ø 1,8 mm

ARMBAND

- 52 Schneeflocken-Obsidian-Splitter, ø 5 mm - 1 cm
- 7 Swarovski®-Kristall-Schliffperlen in Mondstein, ø 8 mm
- 31 Quetschperlen in Platin, ø 1,8 mm
- zweireihige Ornamentschließe in Platin, 1,5 cm lang
- kunststoffummantelter Schmuckdraht in Schwarz, ø 0,5 mm, 1,20 m lang

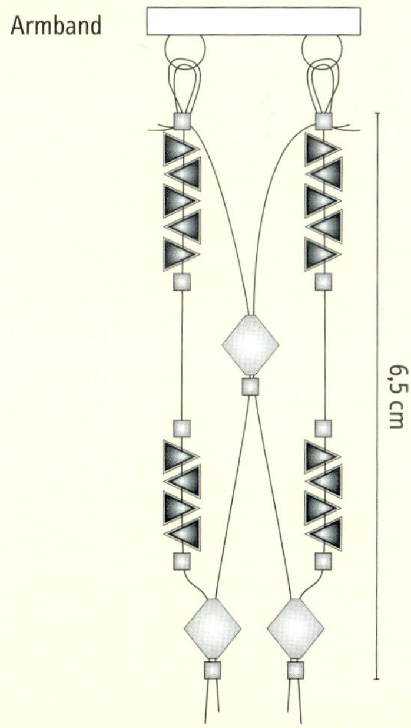

Bettelarmband

→ vereint die Kraft vieler Steine

MATERIAL
- 26 Swarovski®-Kristall-Perlen in Mondstein, ø 4 mm
- 26 Prismenstifte in Platin, 2,5 cm lang
- 13 Epidot-Splitter, ø 4 mm - 7 mm
- 12 Tigerauge-Splitter, ø 4 mm - 7 mm
- 11 Bernstein-Splitter, ø 4 mm - 7 mm
- 12 Lapislazuli-Splitter, ø 4 mm - 7 mm
- 11 Rosenquarz-Splitter, ø 4 mm - 7 mm
- 12 Malachit-Splitter, ø 4 mm - 7 mm
- 10 Amethyst-Splitter, ø 4 mm - 7 mm
- 10 Türkis-Splitter, ø 4 mm - 7 mm
- 7 Hämatit-Splitter, ø 4 mm - 7 mm
- Messing-Ankerkette, versilbert, ø 4 mm, 16 cm - 18 cm lang
- Magnetschließe in Platin, 1,6 cm lang

1 Je drei Prismenstifte mit drei bis fünf Splittern von jedem Stein (außer Hämatit) und einer Kristall-Perle bestücken. Dabei die Kristall-Perlen an unterschiedlichen Stellen auf die Stifte ziehen. Das Ende zu einer Öse umbiegen und in jedem zweiten Kettenglied einhängen.

2 Den Verschluss an jedem Kettenende anbringen.

So wirkt der Stein: Der anthrazitfarbene, stark glänzende Hämatit wird auch Stein der Willenskraft genannt und ist unter dem Namen Blutstein bekannt. Er schenkt Kraft und Spontaneität und wirkt stimmungsaufhellend. Hämatit unterstützt die Heilung bei Blutergüssen oder Wunden. Er wird astrologisch den Sternzeichen Jungfrau, Skorpion, Steinbock, Wassermann und Widder zugeordnet.

WEITERFÜHRUNG

Schneeflocken-Obsidian

So wirkt der Stein: Der Schneeflocken-Obsidian wirkt durchblutungsfördernd, gegen kalte Hände und Füße und hilft, Blockaden und Schocks zu lösen. Bereits seit Jahrtausenden wird der Stein zu Amuletten und Halsketten verarbeitet und soll vor „falschen Freunden“ und allem Schlechten bewahren. Durch Einschlüsse von grau-weißen Mineralien (sog. Sphärolithen), entsteht der zarte Schneeflocken-Effekt. Der Stein ist den Sternzeichen Skorpion, Schütze und Steinbock zugeordnet.

Peridot

→ Kombination in zartem Frühlingsgrün

MATERIAL OHRRINGE

- 24 Peridot-Würfel, 4 mm x 4 mm
- 12 Swarovski®-Kristall-Schliffperlen in Goldgelb, ø 4 mm
- 12 Swarovski®-Kristall-Perlen in Olive, ø 4 mm
- 12 Swarovski®-Kristall-Schliffperlen in Mondstein, ø 4 mm
- 2 Swarovski®-Kristall-Blüten in Mondstein, ø 6 mm
- 2 Ohrstecker mit Platine in Gold, ø 6 mm
- Nylonfaden, ø 0,25 mm, 2 x 80 cm lang
- Schmuckkleber

RING

- 8 Peridot-Würfel, 4 mm x 4 mm
- 8 Swarovski®-Kristall-Schliffperlen in Goldgelb, ø 4 mm
- 8 Swarovski®-Kristall-Perlen in Olive, ø 4 mm
- Swarovski®-Kristall-Blüte in Mondstein, ø 6 mm
- Fingerring aus Plexiglas in Lindgrün, ca. ø 1,6 cm - 1,9 cm
- Nylonfaden, ø 0,25 mm, 1 m lang
- Schmuckkleber

Ohrringe

1 Die Perlen und Peridot-Würfel anhand Abbildung 1 aufnehmen und in der olivgrünen Kristall-Perle kreuzen. Ein Fadenende durch die Blüte ziehen und anhand Abbildung 2 weitere Perlen aufnehmen. Die Fäden erneut in der olivgrünen Perle kreuzen. Die restlichen Perlen anhand Abbildung 3 aufnehmen, sodass ein Stern entsteht und die Fäden miteinander verknoten.

2 Den Stern auf die Platine des Ohrsteckers kleben, mit den restlichen Fäden zusätzlich am Stecker festbinden und abschneiden. Den zweiten Ohrstecker ebenso arbeiten.

Ring

1 Die Perlen und Peridot-Würfel anhand Abbildung 1 aufnehmen und in der olivgrünen Kristall-Perle kreuzen. Ein Fadenende durch die Blüte ziehen und anhand Abbildung 2 weitere Perlen aufnehmen. Die Fadenenden wieder in der olivgrünen Perle kreuzen. Die restlichen Perlen anhand Abbildung 3 aufnehmen, bis eine Blüte entsteht und die Fäden miteinander verknoten.

2 Die Blüte auf den Ring kleben, gut trocknen lassen und mit den restlichen Fäden zusätzlich am Fingerring festbinden. Überstehende Fäden abschneiden.

So wirkt der Stein: Der Peridot schenkt gleichmäßige Energie und wirkt sich positiv auf das innere Gleichgewicht aus. Er soll positive Stimmung vermitteln und gegen Alpträume helfen. Der Stein unterstützt das Immunsystem, steigert die Lebenskraft und Leistungsfähigkeit und ist leber- und gallenanregend. Er wird den Sternzeichen Krebs, Zwilling und Löwe zugeordnet.

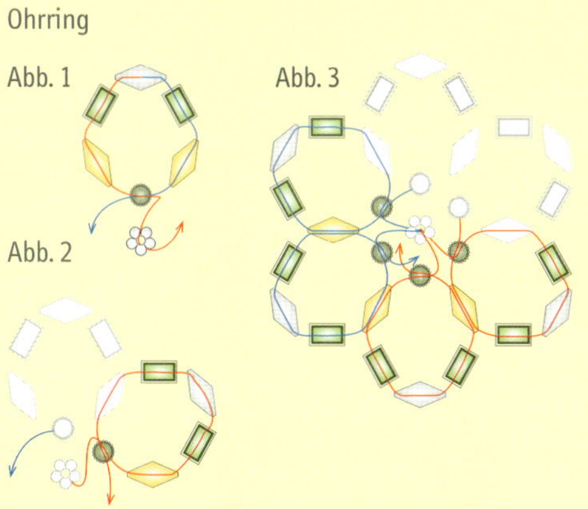

Ohrring
Abb. 1
Abb. 2
Abb. 3

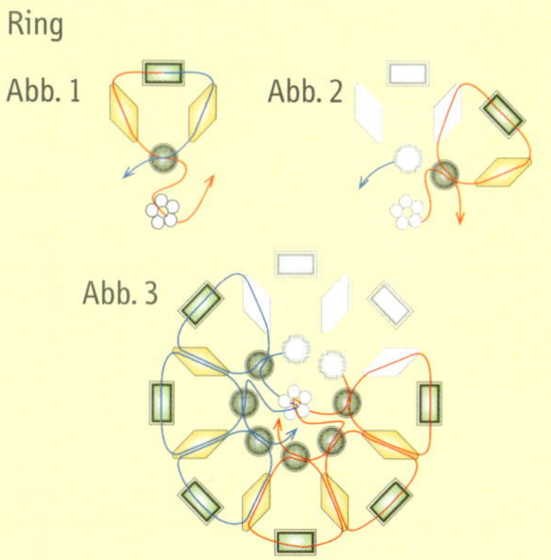

Ring
Abb. 1
Abb. 2
Abb. 3

Lapislazuli

→ extravagantes Ensemble

MATERIAL
KETTE

- Strang mit Lapislazuli-Splittern, ø 6 mm - 7 mm, ca. 40 cm lang
- 17 Swarovski®-Kristall-Schliffperlen in Azurblau, ø 4 mm
- 15 Swarovski®-Kristall-Schliffperlen in Royalblau, ø 4 mm
- 50 Quetschperlen in Gold, ø 1,8 mm
- Knopfschließe in Gold, ø 1,7 cm
- kunststoffummantelter Schmuckdraht in Gold, ø 0,5 mm, 1,90 m lang

OHRRINGE

- 12 Lapislazuli-Splitter, ø 6 mm - 7 mm
- 6 Swarovski®-Kristall-Schliffperlen in Azurblau, ø 4 mm
- 6 Swarovski®-Kristall-Schliffperlen in Royalblau, ø 4 mm
- 18 Quetschperlen in Gold, ø 1,8 mm
- 2 Ohrhaken in Gold, 2 cm lang
- kunststoffummantelter Schmuckdraht in Gold, ø 0,5 mm, 60 cm lang

Kette

1 Den Draht in 19 Drahtstücke mit je 10 cm Länge teilen. 15 Drahtstücke anhand Abbildung 1 mit Perlen in Royalblau und Splittern bestücken, in die Mitte des Drahtes schieben und mit den Quetschperlen fixieren.

2 Auf diese Weise zwei Ketten herstellen und dabei einmal acht und einmal neun Drahtenden anhand Abbildung 2 miteinander verbinden. Dabei die Drahtlänge auf ca. 7 cm kürzen. Die vier übrigen Drähte an den Enden der zwei Ketten befestigen, dann die beiden Ketten zusammenfassen und den Verschluss mithilfe der Quetschperlen befestigen.

Ohrringe

1 Den Draht in sechs 10 cm lange Drahtstücke teilen. Die Drahtstücke anhand der Abbildung mittig umbiegen und mit Kristall-Schliffperlen, Splittern und den Quetschperlen bestücken.

2 Alle Drähte auf eine Länge von 3 cm - 4,5 cm abschneiden, mit Quetschperlen fixieren und je drei Stück wie abgebildet in die Ohrhaken einhängen.

So wirkt der Stein: **Der Lapislazuli ist ein inspirierender Stein: Er ist bekannt als Förderer von Gemeinschaftssinn und Entscheidungsfreudigkeit. Weltweit kennt man ihn als Stein der Liebe und Freundschaft. Lapislazuli wirkt beruhigend, krampflösend und fiebersenkend. Er hilft bei Hautausschlägen und Insektenstichen sowie bei Schmerzen und bringt Schwellungen zum Abklingen. Er hilft gegen Heiserkeit und ist gut für den Hals, Kehlkopf und die Stimmbänder, nimmt den Kopfschmerz und wirkt dem Bluthochdruck entgegen. Der Lapislazuli wird den Sternzeichen Schütze, Fische, Steinbock und Wassermann zugeteilt.**

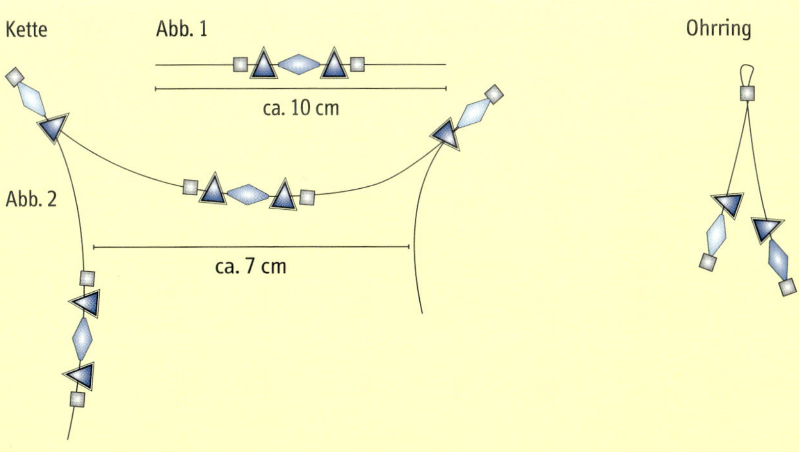

Kette
Abb. 1
ca. 10 cm
Abb. 2
ca. 7 cm
Ohrring

Rosenquarz

→ perfekte Balance

MATERIAL KETTE

- 28 Rosenquarz-Würfel, 4 mm x 4 mm
- 10 Rosenquarz-Perlen, ø 4 mm
- 15 Swarovski®-Kristall-Schliffperlen in Rosa chiffon, ø 6 mm
- 5 Swarovski®-Kristall-Tropfen in Mondstein, 11 mm x 5,5 mm
- 5 Swarovski®-Schmuck-Accessoires „Kranz" in Rosa chiffon, ø 1,5 cm
- 5 Swarovski®-Schmuck-Accessoires „oval" in Rosa chiffon, 1,7 cm lang
- 11 Ringel in Silber, ø 7 mm
- 19 Quetschperlen in Platin, ø 1,8 mm
- Karabinerschließe mit Ringel in Silber, 1,4 cm lang
- kunststoffummantelter Schmuckdraht in Silber, ø 0,5 mm, ca. 2,50 m lang
- Nylonfaden, ø 0,25 mm, 10 x 30 cm lang

RING

- 5 Rosenquarz-Perlen, ø 4 mm
- 20-24 Rosenquarz-Linsen, ø 4 mm
- 12 Swarovski®-Kristall-Schliffperlen in Rosa chiffon, ø 4 mm
- Nylonfaden, ø 0,25 mm, ca. 50 cm lang

Kette

1 Den Schmuckdraht in 1 x 50 cm und 5 x 40 cm lange Stücke teilen. Je fünf Anhänger anhand Abbildung 1 und 2 mithilfe des Nylonfadens aufreihen und verknoten. Mit den Ringeln die entsprechenden Schmuck-Accessoires (Kranz, Abb. 1 und oval, Abb. 2) einhängen.

2 An jedem 40 cm langen Drahtende eine Quetschperle befestigen. Darauf den Anhänger mit dem Kranz, an dem die andere Öse umgebogen wird und einen Rosenquarz-Würfel aufreihen. Auf den 50 cm langen Draht abwechselnd sieben Quetschperlen und acht Rosenquarz-Würfel aufreihen. Durch die mittleren fünf Quetschperlen die vorbereiteten Drähte ziehen und einen Würfel sowie den zweiten Anhänger auf der anderen Seite mit einer Quetschperle fixieren.

3 Die Drähte in verschiedenen Längen anordnen und mit Quetschperlen fixieren. Den Draht kürzen und den Verschluss befestigen.

Ring

1 Zu Beginn vier Perlen anhand Abbildung 1 aufnehmen und die Fäden durch die vierte Perle kreuzen. Gemäß Abbildung 2 auf ein Fadenende eine Perle und auf das andere Fadenende zwei Perlen aufnehmen. Die Fadenenden durch die zweite Perle kreuzen. Diesen Arbeitsschritt so lange wiederholen, bis alle Kristall-Schliffperlen aufgebraucht sind.

2 Nun beide Fäden durch die erste Perle kreuzen, es entsteht eine Kugel. Mit einem Faden je eine Rosenquarz-Perle aufnehmen und den Faden gemäß Abbildung 4 weiterführen, bis alle Rosenquarz-Perlen aufgebraucht sind und sich immer in der Mitte von vier Swarovski®-Perlen befinden.

3 Auf das andere Fadenende so viele Rosenquarz-Linsen aufziehen, bis die Ringschiene den gewünschten Umfang erreicht hat. Am Ende beide Fadenenden miteinander verknoten.

Kette

Abb. 1

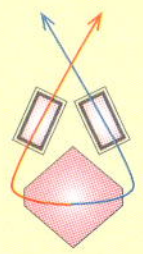

Abb. 2

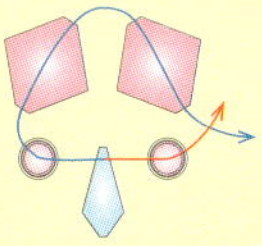

Ring

Abb. 1

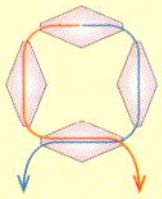

Abb. 2

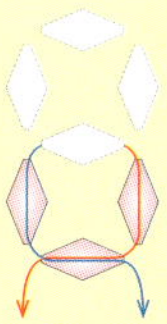

Abb. 3

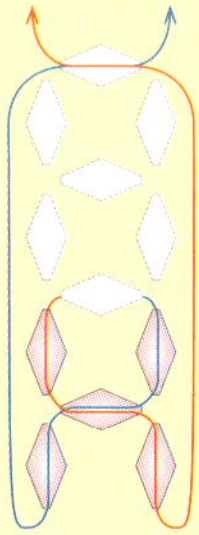

Abb. 4

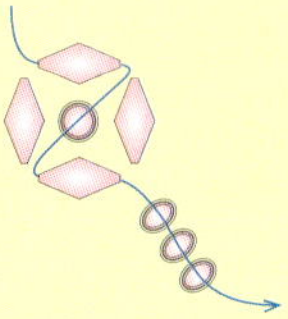

WEITERFÜHRUNG

Rosenquarz

So wirkt der Stein: Der Rosenquarz gilt seit Jahrhunderten als Fruchtbarkeitsstein, der in der Naturheilkunde zur Linderung von Frauenleiden, Schmerzen allgemein und insbesondere bei Herzbeschwerden verwendet wird. Er kann bei Erschöpfungszuständen und Kreislaufproblemen heilend wirken. Die bekannteste Wirkung des Rosenquarz auf den Körper ist seine Fähigkeit, schädliche Strahlen fernzuhalten. Der Rosenquarz spendet Trost und Kraft und stärkt das Selbstbewusstsein. Er belebt Kreativität und Phantasie und soll Gefühlskälte und Streitlust entgegenwirken. Rosenquarz steht für die Sternzeichen Stier, Krebs und Waage.

Granat

→ feurige Brosche

MATERIAL

- 90 Granat-Chips, ø 4 mm
- 15 Granat-Perlen, ø 4 mm
- 15 Swarovski®-Kristall-Schliffperlen in Amethyst, ø 6 mm
- Glasschliff-Stein mit Kessel zum Fädeln in Rosa chiffon, ø 1,4 cm
- Broschennadel in Platin, ø 1,5 cm
- Nylonfaden, ø 0,25 mm, 1,50 m lang
- Schmuckkleber

1 Die Granat-Perlen, Chips und Swarovski®-Perle anhand Abbildung 1 aufreihen und die Fäden durch die zweite Kristall-Schliffperle kreuzen. Bei den ungleichmäßigen Granat-Chips darauf achten, dass die Seiten der Sternspitzen immer etwa gleich lang sind.

2 Für die zweite Sternspitze weitere Chips und Perlen aufreihen und den Faden durch die Kristall-Schliffperle zurückführen. Diese Spitze nach oben klappen und auf den Faden eine Granat-Perle auffädeln. Diese beiden Spitzen wie in Abbildung 1 und 2 beschrieben noch viermal wiederholen, bis alle Kristall-Schliffperlen aufgebraucht sind. Den Stern schließen, indem beide Fadenenden miteinander verknotet werden.

3 Auf ein Fadenende den großen eingefassten Glasschliff-Stein aufnehmen und in der Sternmitte platzieren. Den Faden mehrmals durch die Kristall-Schliffperlen und den Glasschliff-Stein ziehen und miteinander verknoten. Die Fadenenden durch den großen Stein zurückführen und abschneiden.

4 Die Broschennadel mit Schmuckkleber auf die Rückseite des Glasschliff-Steines kleben. Evtl. mit etwas Nylonfaden sichern.

So wirkt der Stein: Der Granat wird auch Stein der Hoffnung genannt. Er kann Blockaden lösen, die Regenerationskraft des Körpers erhöhen und den Stoffwechsel anregen. Der in tiefdunklem Rot schimmernde Stein soll den Kreislauf stabilisieren, den Herzschlag kräftigen, sowie innere Organe wie Leber, Milz und Nieren schützen. Oft wird der Granat in Zeiten der Veränderung und in scheinbar aussichtslosen Situationen eingesetzt und soll das Durchhaltevermögen fördern. Er wird den Sternzeichen Zwilling, Skorpion, Schütze und Steinbock zugeordnet.

Abb. 1

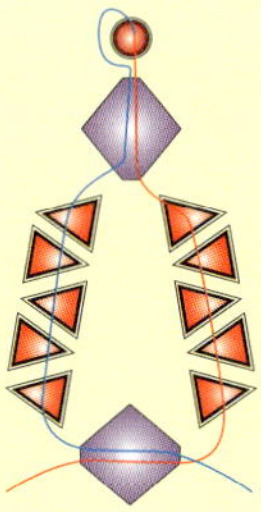

Abb. 2

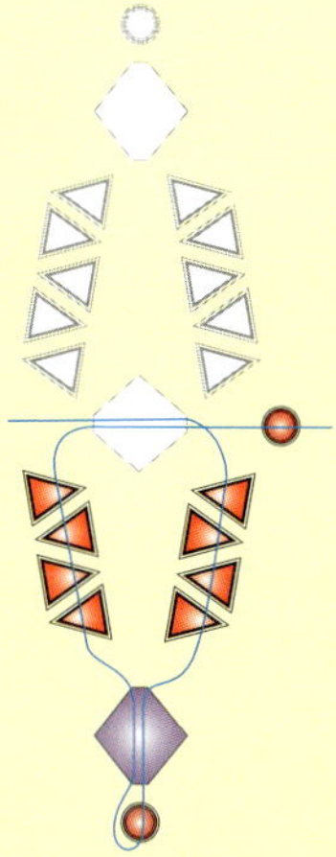

Türkis

→ leuchtend und kraftvoll

Armband

1 Auf jedes Fadenende eine türkisfarbene und eine orangefarbene Perle anhand Skizze aufreihen und beide Enden durch die türkisfarbenen Perlen zurückführen. Beide Fäden zusammenfassen und acht Türkis-Splitter aufziehen. Diesen Vorgang insgesamt ca. achtmal wiederholen. Das Armband sollte sich nun problemlos über die Hand ziehen lassen.

2 Die Fadenenden miteinander verknoten, durch je eine Perle zurückschieben und knapp abschneiden. Alternativ kann auch ein Verschluss (z. B. Karabinerschließe) angebracht werden.

Tipp: Sie können anstatt Nylonfaden auch eine dünne Gummikordel verwenden. So passt sich das Armband problemlos jedem Handgelenk an.

Ring

1 Auf den Faden eine orangefarbene Kristall-Perle, zwei Splitter und eine türkisfarbene Kristall-Schliffperle gemäß Skizze aufreihen. In der türkisfarbenen Perle die Fäden kreuzen. So weiterarbeiten, bis alle Perlen und Splitter aufgebraucht sind.

2 Die Fäden verknoten, durch die letzten Perlen zurückführen und knapp abschneiden. Den Perlenstrang mit Schmuckkleber auf die Ringschiene kleben.

So wirkt der Stein: Türkis belebt den Selbstschutz und hilft, besser mit Belastungen und negativen Fremdeinflüssen umzugehen. Er gleicht Stimmungsschwankungen aus und mobilisiert verborgene Kraftreserven. Auf den Körper wirkt er entgiftend, schmerzlindernd, krampflösend und entzündungshemmend. Der Türkis wird den Sternzeichen Fische, Schütze und Wassermann zugeordnet.

MATERIAL ARMBAND

- Strang mit Türkis-Splittern, ø 4 mm - 7 mm, ca. 40 cm lang
- 16 Swarovski®-Kristall-Perlen in Capriorange, ø 4 mm
- 16 Swarovski®-Kristall-Schliffperlen in Indisch Türkis, ø 6 mm
- Nylonfaden, ø 0,25 mm, 2 x 80 cm lang

RING

- 8 Türkis-Splitter, ø 4 mm - 7 mm
- 3 Swarovski®-Kristall-Perlen in Capriorange, ø 4 mm
- 2 Swarovski®-Kristall-Schliffperlen in Indisch Türkis, ø 4 mm
- Nylonfaden, ø 0,25 mm, 50 cm lang
- Ringschiene mit Platte in Platin, ø 6 mm
- Schmuckkleber

Armband

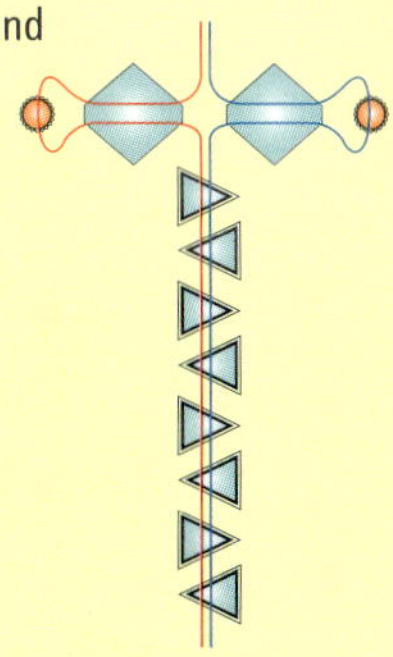

Ring

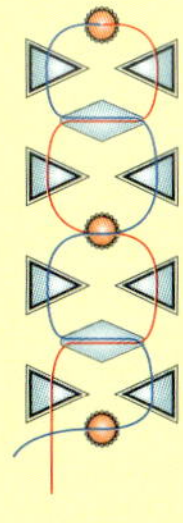

MATERIAL KETTE

- 23 Citrin-Perlen, ø 4 mm
- 11 Swarovski®-Kristall-Schliffperlen in Koralle, ø 4 mm
- 4 Swarovski®-Kristall-Schliffperlen in Koralle, ø 6 mm
- 5 Kettelstifte in Gold, 3,5 cm lang
- dreireihiges Collier in Gold mit Verschluss, 44 cm lang
- Nylonfaden, ø 0,25 mm, 5 x 30 cm lang

OHRRINGE

- 10 Citrin-Perlen, ø 4 mm
- 4 Swarovski®-Kristall-Schliffperlen in Koralle, ø 4 mm
- 2 Swarovski®-Kristall-Schliffperlen in Koralle, ø 6 mm
- 2 Ohrhaken in Gold, 2 cm lang
- Nylonfaden, ø 0,25 mm, 2 x 20 cm lang

Citrin

→ ein Hauch von Schmuck

Kette

1 Drei Perlenanhänger gemäß Abbildung 1 herstellen, verknoten und in den Kettelstift einhängen. Diesen auf 2,5 cm kürzen und am anderen Ende mit einer Rundzange zu einer Öse formen. Für den großen Anhänger links gemäß Abbildung 4 die entsprechenden Perlen aufreihen und in der Kristall-Schliffperle kreuzen. Dann die restlichen Perlen gemäß Abbildung 5 aufreihen, verknoten und am Kettelstift einhängen. Den großen Anhänger rechts gemäß Abbildung 2 und 3 auffädeln, die Fadenenden verknoten und im Kettelstift einhängen. Das andere Ende der Kettelstifte zu einer Öse formen.

2 Die fertigen Anhänger wie abgebildet auf jeweils zwei verschiedene Collier-Drähte aufziehen. Zuletzt die zweite Verschlusshälfte anbringen.

Ohrringe

1 Gemäß Abbildung 1 vier Citrin-Perlen mit einer großen Kristall-Schliffperle aufnehmen und in dieser die Fäden kreuzen.

2 Nun eine kleine Kristall-Schliffperle, eine Citrin-Perle und nochmals eine kleine Kristall-Schliffperle gemäß Abbildung 2 aufnehmen und verknoten. Wie abgebildet im Ohrhaken einhängen. Den zweiten Ohrring ebenso arbeiten.

So wirkt der Stein: Citrin schenkt Stärke, Selbstsicherheit und Lebensfreude sowie Ausdruckskraft. Der transparente, zitrusgelbe Stein wirkt außerdem verdauungsanregend und ist den Sternzeichen Jungfrau, Löwe, Zwilling und Stier zugeordnet.

Kette

Abb. 1

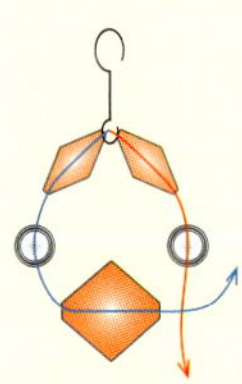

Abb. 2

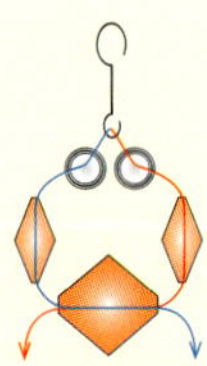

Abb. 3

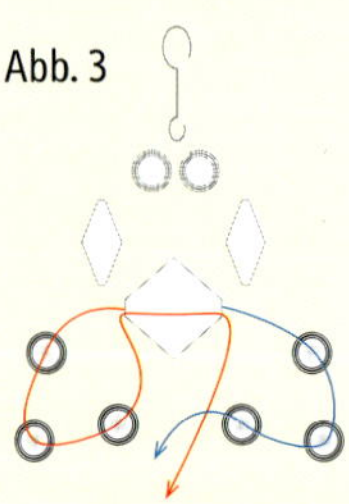

Abb. 4

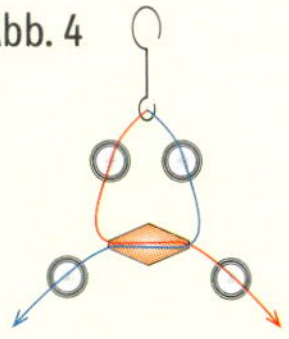

Abb. 5

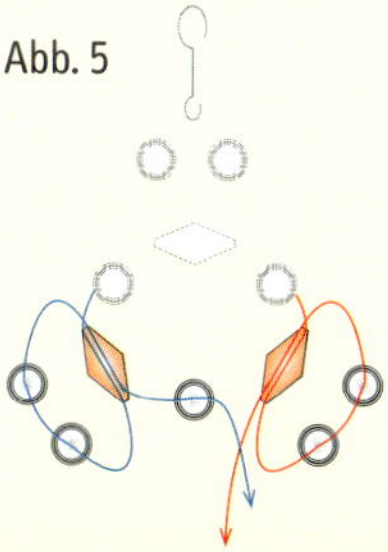

Ohrring

Abb. 1

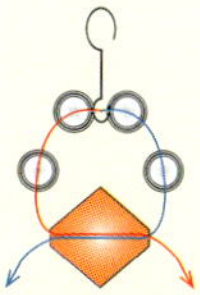

Abb. 2

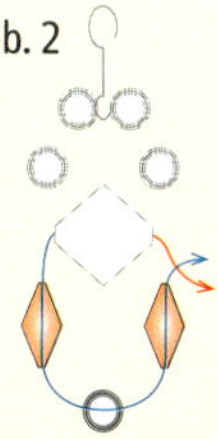

Bernstein

→ eleganter Klassiker

Kette

1 Den Faden am Verschluss anknoten, Bernstein-Chips in Mittelbraun und Perlen anhand der Abbildung aufreihen und den Faden durch drei Perlen kreuzen. Nochmals einen Chip gleicher Farbe und eine große Swarovski®-Perle aufreihen, dann die Bersteinfarbe wechseln. Hierbei auf den Farbverlauf achten: Es folgt Gelb, Mittelbraun, Dunkelbraun, Mittelbraun und wieder Gelb. Da es keine dunkelbraunen Chips gibt, werden hier nur Perlen verwendet.

2 Die Kette so lange auffädeln, bis alle Perlen aufgebraucht sind. Den Faden am Spaltring verknoten, durch die letzten Perlen zurückführen und knapp abschneiden.

Ring

1 Vier Bernstein-Perlen in Dunkelbraun und vier Swarovski®-Perlen aufreihen, in die Fadenmitte schieben und gemäß Abbildung in der letzten Swarovski®-Perle kreuzen. Die Bernsteinfarbe wechseln. Den Ring so lange weiterfädeln, bis alle Perlen aufgebraucht sind bzw. bis die passende Ringgröße erreicht ist.

2 Ein Fadenende durch die erste Swarovski®-Perle ziehen, mit dem zweiten Fadenende verknoten und somit die Ringschiene schließen. Die Fadenenden durch die letzten Perlen zurückführen und knapp abschneiden.

So wirkt der Stein: Bernstein ist ein wahrer „Seelentröster" aus der Natur. Er vermittelt nicht nur Geborgenheit, Sorglosigkeit und Vertrauen, sondern dient als Stimmungsaufheller, schenkt Zuversicht und Wärme sowie Lebensfreude und Flexibilität. Bernstein hilft Kleinkindern beim Zahnen und steigert allgemein das körperliche Wohlbefinden. Er hilft außerdem bei Krankheiten, die mit Stoffwechsel, Leber und Galle zusammenhängen. Wenn man einen Bernstein wie ein Hustenbonbon in den Mund nimmt, lässt er auch Entzündungen im Mund- und Rachenraum abklingen.

MATERIAL
KETTE

- 24 Bernstein-Barock-Perlen in Mittelbraun, ø 2 mm - 4 mm
- 20 Bernstein-Barock-Perlen in Dunkelbraun, ø 2 mm - 4 mm
- 12 Bernstein-Barock-Perlen in Gelb, ø 2 mm - 4 mm
- 16 Bernstein-Chips in Mittelbraun, ø 2 mm - 4 mm
- 8 Bernstein-Chips in Gelb, ø 2 mm - 4 mm
- 48 Swarovski®-Kristall-Schliffperlen in Aprikot, ø 4 mm
- 15 Swarovski®-Kristall-Schliffperlen in Aprikot, ø 6 mm
- Karabinerschließe mit Spaltring in Gold, 1,3 cm lang
- Nylonfaden, ø 0,25 mm, 1,50 m lang

RING

- 12 Bernstein-Barock-Perlen in Gelb, ø 2 mm - 4 mm
- 12 Bernstein-Barock-Perlen in Dunkelbraun, ø 2 mm - 4 mm
- 18 Swarovski®-Kristall-Schliffperlen in Aprikot, ø 4 mm
- Nylonfaden, ø 0,25 mm, 80 cm lang

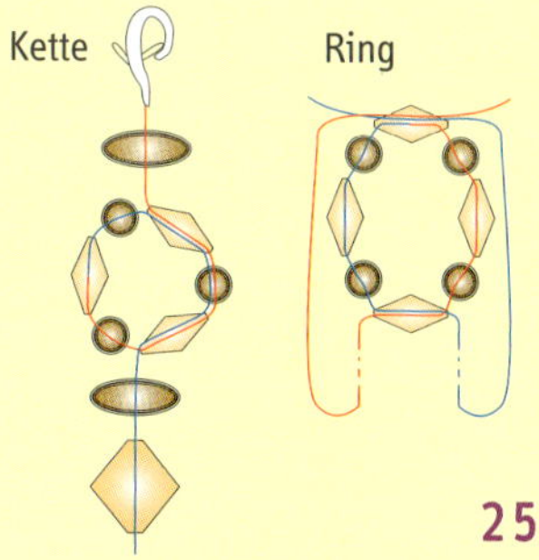

MATERIAL

- Strang mit Malachit-Splittern, ø 6 mm -7 mm, ca. 40 cm lang
- 11 Swarovski®-Kristall-Schliffperlen in Russisch Grün, ø 6 mm
- 5 Swarovski®-Kristall-Schliffperlen in Russisch Grün, ø 4 mm
- 9 Swarovski®-Kristall-Schliffperlen in Mondstein, ø 4 mm
- 6 Swarovski®-Kristall-Schliffperlen in Mondstein, ø 8 mm
- 2 Swarovski®-Kristall-Schliffperlen in Mondstein, ø 6 mm
- 9 Prismenstifte in Platin, 4 cm lang
- 3 Kettelstifte in Platin, 3,5 cm lang
- 2 Quetschperlen in Platin, ø 1,8 mm
- Magnetschließe in Platin, 1,6 cm lang
- Nylonfaden, ø 0,25 mm,

Malachit

→ magisch anziehendes Collier

1 Die Prismen- und Kettelstifte anhand der Abbildung 2-5 je zweimal aufreihen, entsprechend kürzen und das andere Ende zu einer Öse umbiegen. Den mittleren langen, zweiteiligen Anhänger gemäß Abbildung 6 nur einmal fertigen.

2 An einem Fadenende den Verschluss mithilfe der Quetschperle befestigen und ca. 12 cm lang Malachit-Splitter aufreihen. Die Stifte und übrigen Perlen anhand der Abbildung 1 aufreihen und die andere Hälfte der Kette identisch arbeiten. Die zweite Verschlusshälfte am Nylonfaden befestigen und diesen knapp abschneiden.

So wirkt der Stein: Malachit sorgt für emotionale Ausgeglichenheit und regt das Träumen an. Er ist leberanregend und wirkt entgiftend. Als Talisman verleiht er Intelligenz und Überzeugungskraft und soll Erfolg bringen. Malachit steht für die Sternzeichen Skorpion, Steinbock, Stier, Zwilling und Waage.

Abb. 1

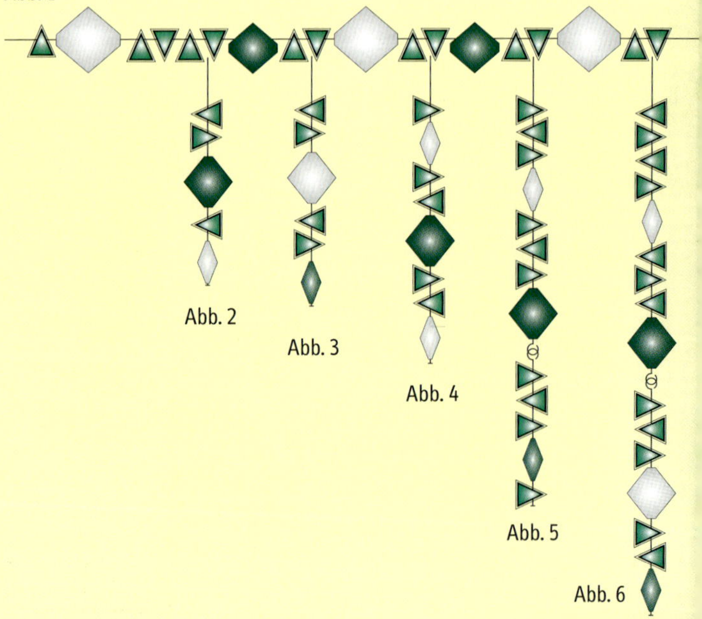

Abb. 2

Abb. 3

Abb. 4

Abb. 5

Abb. 6

Amethyst

→ Traum in zartem Violett

Kette

Ring

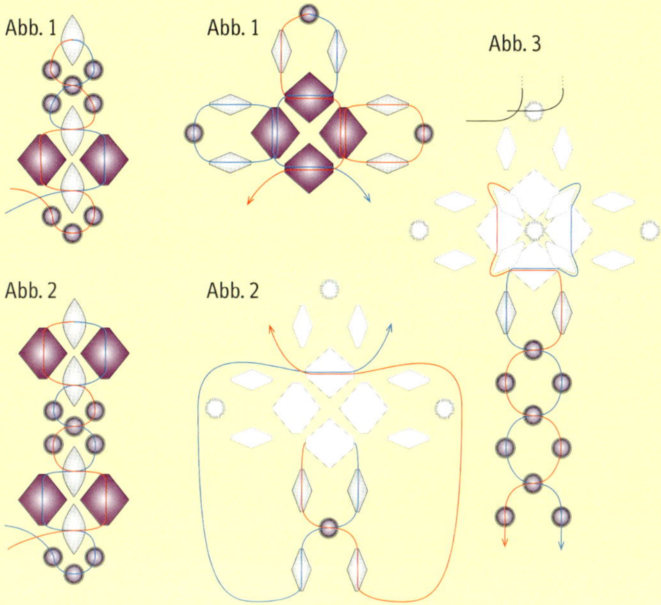

Kette

1 Die Kristall-Scheibe und die Amethyst-Perlen anhand Abbildung 1 auffädeln und in der dritten Perle kreuzen. Die restlichen Perlen und Scheiben aufnehmen und die Fäden verknoten. Diesen Anhänger insgesamt zweimal herstellen.

2 Die restlichen Perlen und Scheiben für den mittleren Anhänger gemäß Abbildung 2 aufnehmen, an den entsprechenden Stellen die Fäden kreuzen und am Ende miteinander verknoten.

3 Den großen Anhänger mit der oberen Scheibe auf den Draht ziehen. Je drei Amethyst-Perlen und einen Anhänger auf beiden Seiten anordnen. Abschließend beidseitig je eine große Swarovski®-Perle aufreihen und mit den Quetschperlen den Verschluss anbringen.

Ring

1 Die Perlen anhand Abbildung 1 aufnehmen und die Fäden in den vier großen Swarovski®-Perlen kreuzen.

2 Gemäß Abbildung 2 weitere Perlen aufnehmen, in der Amethyst-Perle kreuzen und nochmals zwei Swarovski®-Perlen aufnehmen. Dieses gefädelte Stück über die vier großen Swarovski®-Perlen legen und durch diese den Faden

MATERIAL
KETTE

- 30 Amethyst-Perlen, ø 4 mm
- 10 Swarovski®-Kristall-Schliffperlen in Violett, ø 6 mm
- 10 Swarovski®-Kristall-Scheiben in Mondstein, ø 6 mm
- 2 Quetschperlen in Platin, ø 1,8 mm
- Magnetschließe in Platin, 1,6 cm lang
- Edelstahl-Drahtseil, ø 0,54 mm, 50 cm lang
- Nylonfaden, ø 0,25 mm, 3 x 80 cm lang

RING

- 31-34 Amethyst-Perlen, ø 4 mm
- 12 Swarovski®-Kristall-Schliffperlen in Mondstein, ø 4 mm
- 4 Swarovski®-Kristall-Schliffperlen in Violett, ø 6 mm
- Nylonfaden, ø 0,25 mm, 1,20 m lang

WEITERFÜHRUNG

Amethyst

zurückführen. Zum Schluss zwei Swarovski®-Perlen aufnehmen.

3 Für die Ringschiene anhand Abbildung 3 so viele Amethyst-Perlen aufnehmen wie für den Fingerumfang benötigt werden. Einen Faden durch die erste Amethyst-Perle ziehen, verknoten, die Fäden zurückführen und knapp abschneiden.

So wirkt der Stein:

Amethyst steht für Gerechtigkeit, inneren Frieden und Intelligenz. Er hilft gegen Verspannungskopfschmerzen, bei Erkrankungen von Lunge, Haut und Darm und wirkt wie der Malachit entgiftend. Der Amethyst soll für Harmonie und Entspannung sorgen und Energie spenden. Der zartfarbene Stein steht für die Sternzeichen Jungfrau, Widder, Skorpion, Schütze, Wassermann und Fische.

Epidot

→ natürlich schön

MATERIAL

KETTE

- Epidot, gebohrt, ca. 3,5 cm lang
- 30 Epidot-Splitter, ø 4 mm - 7 mm
- 10 Swarovski®-Kristall-Schliffperlen in Orangerot, ø 4 mm
- 5 Swarovski®-Kristall-Schliffperlen in Orangerot, ø 6 mm
- Lederrundriemen in Olive, ø 2 mm, 1 m lang
- Nylonfaden, ø 0,25 mm, 3 x 50 cm lang

RING

- 30-36 Epidot-Splitter, ø 4 mm - 7 mm
- 15-18 Swarovski®-Kristall-Schliffperlen in Orangerot, ø 4 mm
- Nylonfaden, ø 0,25 mm, 80 cm lang

Kette

1 Die drei Ringe gemäß Abbildung 1 und 2 anfertigen. Die Fäden verknoten, durch je eine Perle zurückschieben und knapp abschneiden. Dabei für den großen Ring die großen Swarovski®-Perlen (ø 6 mm) und große Splitter verwenden, für die beiden kleinen Ringe entsprechend kleine Perlen (ø 4 mm) und Steine verwenden.

2 Den gebohrten Epidot-Stein auf den Rundriemen ziehen, beide Enden wie abgebildet durch den großen Ring ziehen. Anschließend auf jedes Bandende einen kleinen Ring schieben. Den Lederriemen in der gewünschten Länge zusammenknoten.

Ring

1 Den Ring ebenfalls gemäß Abbildung 1 und 2 aufreihen und in der Swarovski®-Perle kreuzen. So lange weiterarbeiten, bis der gewünschte Ringumfang erreicht ist.

2 Ein Fadenende durch die erste Swarovski®-Perle ziehen

Abb. 1

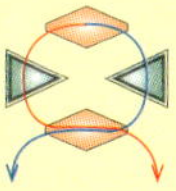

Abb. 2

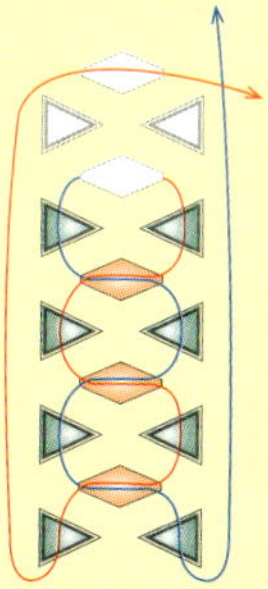

Epidot

und mit dem zweiten Fadenende verknoten. Den Faden durch je eine Perle zurückschieben und knapp abschneiden.

So wirkt der Stein: Epidot hilft bei Regeneration, Erholung und Aufbau nach schweren Krankheiten oder Überanstrengungen. Er unterstützt alle Heilungsprozesse und fördert die Konstitution sowie Leistungsfähigkeit. Träger dieses Steines können lernen, sich aufgrund eigener Fehler nicht selbst abzuwerten. Der Epidot ist den Sternzeichen Waage und Zwilling zugeordnet.

IMPRESSUM

Mit freundlicher Unterstützung der Firmen Rayher Hobby GmbH, Laupheim, Pracht Creatives Hobby GmbH, Kaufbeuren, und Farbenspiel GmbH, Neuensorg.

FOTOS: frechverlag GmbH, 70499 Stuttgart; Fotostudio Ullrich & Co., Renningen
DRUCK: frechdruck GmbH, 70499 Stuttgart

Materialangaben und Arbeitshinweise in diesem Buch wurden von der Autorin und den Mitarbeitern des Verlags sorgfältig geprüft. Eine Garantie wird jedoch nicht übernommen. Autorin und Verlag können für eventuell auftretende Fehler oder Schäden nicht haftbar gemacht werden. Das Werk und die darin gezeigten Modelle sind urheberrechtlich geschützt. Die Vervielfältigung und Verbreitung ist, außer für private, nicht kommerzielle Zwecke, untersagt und wird zivil- und strafrechtlich verfolgt. Dies gilt insbesondere für eine Verbreitung des Werkes durch Fotokopien, Film, Funk und Fernsehen, elektronische Medien und Internet sowie für eine gewerbliche Nutzung der gezeigten Modelle. Bei Verwendung im Unterricht und in Kursen ist auf dieses Buch hinzuweisen.

Auflage:	5.	4.	3.	2.	1.
Jahr:	2010	2009	2008	2007	2006 [Letzte Zahlen maßgebend]

© 2006 frechverlag GmbH, 70499 Stuttgart

ISBN 10: 3-7724-3471-1
ISBN 13: 978-3-7724-3471-6
Best.-Nr. 3471